LA CLEF

DE LA

PHOTOGRAPHIE

OUVRAGE ENTIÈREMENT PRATIQUE

CONTENANT

LES POSITIFS SUR VERRE ET TRANSPORTS SUR TOILE
LES NÉGATIFS SUR GLACE ET POSITIFS SUR PAPIER
COLLODION SEC ET POSITIFS SUR VERRE PAR TRANSPARENCE
DES ÉPREUVES STÉRÉOSCOPIQUES ET MICROSCOPIQUES
TOURS DE MAIN, FORMULES ET GÉNÉRALITÉS PHOTOGRAPHIQUES, ETC.

PAR

A. N. B.

PARIS
70, QUAI DE LA MÉGISSERIE, 70

1864

PRÉFACE

Tout le monde connaît aujourd'hui la Théorie de la Photographie, et cependant parmi les amateurs et même parmi les photographes, il en est peu qui possèdent une marche sûre dans leurs opérations.

Pourquoi cela?

C'est que la plupart des livres dans lesquels ce sujet est traité, font connaître parfaitement tous les phénomènes physiques ou chimiques qui concourent à la production de l'image photographique, mais sans s'inquiéter des circonstances particulières, des petits détails dont il faut précisément tenir un compte très-exact, sous peine de ne jamais arriver à un résultat satisfaisant.

Et puis les livres sont encombrés de formules, on en adopte une : elle ne réussit pas, soit par un défaut de manipulation, soit pour toute autre cause; vite une autre formule est essayée, qui souvent ne réussit pas davantage, parce qu'on ne l'étudie pas mieux.

Éviter aux photographes tous ces tâtonnements coûteux et pénibles, en n'exposant qu'une seule méthode, une seule formule pour chaque opération, mais une formule longuement expérimentée et dont un usage constant ait consacré le succès, tel est mon but, en écrivant ces quelques pages.

Point de mots scientifiques, mais à la suite de l'indication de chaque opération, beaucoup de remarques utiles sur les précautions à prendre, sur les essais à faire et sur les difficultés qui peuvent se présenter.

Paris, le 1864.

A. N. B.

LA CLEF
DE LA PHOTOGRAPHIE

CHAPITRE PREMIER

DES POSITIFS DIRECTS
OU POSITIFS SUR VERRE

Il est essentiel, plus encore pour les positifs que pour les négatifs, d'avoir des glaces ou des verres d'une propreté irréprochable. En effet dans ce genre d'épreuves, les noirs de l'image ne sont autre chose que le fond noir appliqué après coup sur l'une des faces de la glace, qui dans ces parties-là doit être d'une transparence complète.

Nettoyage du verre.

Il faut, avant tout, choisir de beaux verres, si l'on ne veut pas perdre son temps en nettoyage inutile, tout verre qui se présente dans un jour frisant une teinte bleue mate est mauvais et doit être rejeté.

Le verre étant donc choisi complétement transparent et, s'il se peut, exempt de points et de raies, on fait le mélange suivant :

Ammoniaque liquide,	30 gramme .	
Alcool,	30	—
Eau distillée,	30	—

On verse un peu de ce mélange sur la glace, avec du tripoli ou du rouge anglais à polir et on frotte bien dans tous les sens avec un tampon de chiffon, puis on enlève la pâte formée par le tripoli avec un autre tampon, et enfin on dessèche complétement à l'aide d'une peau de chamois. Lorsqu'en hâlant fortement sur la glace, la buée qui se forme s'enlève uniformément et sans présenter de lignes ou de nuances différentes, le nettoyage est complet ; dans le cas contraire, il faut recommencer.

Tous les verres ou glaces nettoyées de cette façon sont enfermées dans une boîte à rainure, et ce n'est qu'au moment de s'en servir qu'on enlève à l'aide d'un blaireau les poussières qui peuvent adhérer à la surface.

Si on voulait chasser ces poussières immédiatement après le polissage, on n'y parviendrait qu'imparfaitement attendu que l'électricité développée par le frottement retient, comme chacun sait, et attire même les corps légers.

Cette remarque veut dire qu'il est bon d'avoir toujours des glaces polies à l'avance.

Du collodion.

Le collodion est composé d'éther, d'alcool, de coton azotique et d'un iodure soluble dans l'alcool.

1° L'éther ne doit pas être acide, ce qu'on reconnaît à l'aide du papier bleu de tournesol; si en versant un peu d'éther dessus, le papier reste bleu, l'éther est bon ; si le papier rougit, l'éther est acide et mauvais.

2° L'alcool doit être à 40 degrés.

3° Le coton azotique doit être également exempt d'acidité, ce que l'on reconnaît de la même manière que pour l'éther, en outre il doit se dissoudre facilement dans un mélange d'alcool et d'éther et de plus sa dissolution versée sur une glace propre doit laisser, après évaporation, une pellicule qui adhère fortement à la glace.

Ceci posé, on fait les solutions suivantes :

COLLODION NORMAL.

SOLUTION A.

Éther à 62 degrés,	60 grammes.
Alcool à 40 degrés,	40 —
Coton azotique,	1 —

LIQUEUR SENSIBILISATRICE.

SOLUTION B.

Alcool à 40 degrés,	100 grammes.
Iodure d'ammonium,	10 —
Bromure d'ammonium,	2 —

Ces deux solutions étant faites et bien reposées, on prendra 10 grammes de la solution B, et on les ajoutera à la quantité A de collodion normal, on laissera reposer cinq ou six heures, puis après avoir filtré sur du coton ordinaire dans un entonnoir en verre, on pourra se servir du collodion.

Remarques. — Il faut toujours garder le collodion à l'abri de la lumière, si l'on ne veut pas qu'il subisse de variations.

Remarque. — Lorsqu'un collodion est trop épais, il est facile de le ramener à la fluidité nécessaire, en ajoutant pour chaque cent grammes trente grammes d'un mélange à parties égales, d'éther et d'alcool.

Il est bon d'avoir toujours de ce mélange préparé à l'avance, parce que le collodion s'épaississant, même à l'usage, à cause des fréquentes ouvertures des flacons, on peut remédier à la minute à cet inconvénient.

Remarque. — S'il arrivait qu'on eût un collodion trop ioduré (ce dont on s'apercevrait vite, parce qu'au développement la couche se gercerait et que des parties entières seraient enlevées) il faudrait ajouter par cent grammes de collodion, trente grammes de collodion normal (formule A).

Si le collodion est trop peu ioduré, au contraire, il sera peu sensible ; la couche étendue sur la glace présentera une teinte opaline très-claire, et l'image n'aura pas assez d'intensité. On rétablira ce collodion dans de bonnes conditions en y ajoutant par chaque cent grammes, dix grammes de la solution sensibilisatrice (formule B.)

Pour faire le collodion normal (solution A), il faut d'abord mettre l'alcool dans le flacon, puis le coton azotique, agiter quatre ou cinq minutes et verser l'éther en deux ou trois fois en agitant fortement chaque fois.

Les images les plus rapidement obtenues ne sont pas toujours les meilleures. Toutefois si l'on a besoin d'une grande rapidité, on y parviendra facilement en ajoutant à 100 grammes de collodion ci-dessus, 10 gouttes de la solution suivante :

SOLUTION C.

Alcool à 36 degrés,	100 grammes.
Iodure de potassium,	8 —
Iodure d'argent,	3 —

L'iodure de potassium ne se dissoudra pas complétement ; mais ce sera précisément une garantie pour maintenir en dissolution l'iodure d'argent.

Pour que la solution C soit efficace, il faut que l'iodure d'argent soit fraîchement préparé avant d'être dissous dans l'alcool saturé d'iodure de potassium.

De l'extension du collodion sur la glace.

Il ne faut pas s'imaginer que le collodion doive être étendu très-rapidement sur la glace (comme l'ont dit à tort plusieurs ouvrages.) Le liquide doit plutôt descendre lentement de la partie supérieure où on l'a versé à la partie inférieure ; sans cela, il n'y aurait qu'une légère couche en haut, tandis que dans le bas de la glace les ondes du collodion ayant passé les unes sur les autres, formeraient inévitablement des épaisseurs.

On ne doit commencer les oscillations destinées à faire disparaître les stries que lorsque le collodion en excès ne s'écoule plus que goutte à goutte dans le flacon.

Je recommande aux photographes de bien essuyer avec un linge propre, intérieurement et extérieurement le goulot du flacon contenant le collodion, chaque fois qu'ils doivent s'en servir ; sans cette précaution, des parties de collodion desséchées dans le goulot pourraient être entraînées sur la glace et y former des taches irrémédiables.

Sensibilisation de la glace.

Aussitôt que les stries ont complétement disparu, on renverse brusquement la glace, en la tenant légèrement inclinée, du côté par où la liqueur s'est écoulée ; de cette façon, l'éther qui ne s'est pas encore évaporé remonte le long de la glace et empêche la partie supérieure de sécher plus que la partie inférieure.

Après l'avoir maintenue pendant cinq ou six secondes dans cette position, on la plonge vivement, et la face collodionnée en dessus, dans un bain d'argent composé de :

Eau distillée,	500 grammes.
Nitrate d'argent fondu,	40 —

A l'aide d'un petit crochet d'argent ou de gutta-percha, on soulève et on abaisse continuellement la glace ; sitôt que la surface n'en paraît plus grasse, il faut la retirer du bain dont l'action est alors complète.

C'est à ce moment qu'elle possède le plus de sensibilité.

Mise au point.

Rien de plus simple et rien en même temps de plus important que la mise au point. En faisant mouvoir à plusieurs reprises la coulisse de la chambre noire, on voit, sur la glace dépolie, l'image tantôt vague et tantôt bien arrêtée, lorsque dans ce mouvement les lignes paraissent les plus nettes possible, il faut arrêter et fixer la coulisse : la personne ou l'objet à reproduire est au point.

De la pose.

Il est impossible de formuler une règle générale pour le temps de pose, avec le collodion ci-dessus, on peut, en plein air, obtenir instantanément une image; dans un atelier, la durée de la pose sera d'autant plus courte que l'atelier sera mieux éclairé.

L'expérience seule peut guider le photographe dans l'appréciation du temps nécessaire ; et cette expérience, il l'acquiert dès la première épreuve essayée, parce qu'il est averti au développement, comme on le verra, s'il s'est trompé par excès ou par défaut.

Bain révélateur.

Proto-sulfate de fer,	30	grammes.
Eau distillée,	500	—
Acide acétique cristallisable,	25	—

On peut, si l'on veut obtenir des blancs plus beaux sur positif, ajouter quelques gouttes d'acide sulfurique.

L'image vient lentement, et se modèle parfaitement.

Il ne faut pas laisser au fer le temps d'exercer toute son action sur la couche sensible : sitôt que l'opérateur, en regardant l'image par réflexion, aperçoit les détails dans les noirs, il doit arrêter brusquement par le lavage, sans quoi, l'image serait terne et manquerait complétement de transparence.

Si les demi-teintes apparaissent trop lentement, la pose a été trop courte.

Si l'image apparaît brusquement dans toutes ses parties, la pose a été trop longue, on chercherait vainement à arrêter immédiatement l'action du révélateur ; l'image sera grise et sans vigueur.

Du bain fixateur.

Le meilleur fixateur pour les positifs directs est le cyanure de potassium.

On fait dissoudre dans :

Eau,	500 grammes.
Cyanure de potassium,	25 —

Remarque. — Il faut bien laver la glace, avant de la soumettre au bain fixateur ; parce que la moindre parcelle de bain de fer qui resterait se transformerait sous l'action du cyanure de potassium en taches bleuâtres, qui ne sont autre chose que du bleu (dit bleu de Prusse.)

La glace étant bien lavée après le fixage, on la laisse sécher spontanément, ou on active, si l'on veut, la dessication à la flamme d'une lampe à esprit de vin, après quoi on étend sur le côté non collodionné un vernis noir composé de :

Benzine,	100 grammes.
Bitume de Judée pulvérisé,	25 —

On peut sécher le vernis, après son extension, à la lampe à esprit de vin, en évitant toutefois qu'il ne s'enflamme, la fumée dégagée par le vernis en feu peut salir l'épreuve, et la couche de vernis qui a été brûlée se fendille plus facilement.

Du coloris sur verre.

On peut colorier les positifs directs avec des couleurs en poudre préparées *ad hoc* par les fabricants de produits chimiques ; les bonnes sont celles qui s'attachent facilement au collodion ; avec les autres on ne peut obtenir aucun résultat satisfaisant, l'épreuve étant bien sèche, on prend avec un petit pinceau de la couleur chair par exemple, et on l'étend sur toutes les parties visibles de la peau, puis, avec un autre pinceau, on enlève en partie la couleur dans les noirs et plus légèrement dans les demi-teintes, puis on prend de même une autre couleur appropriée à la teinte des vêtements, cheveux, etc., etc.

Remarque. — Ce genre de coloris qui n'est autre chose que du pastel, réussira mieux si le positif a séché spontanément, parce que la chaleur resserrant trop les pores du collodion empêche la couleur d'y adhérer convenablement ; au contraire, il vaudra mieux sécher à la lampe à esprit de vin les épreuves qui doivent rester en noir, parce qu'elles seront plus brillantes.

Remarque. — Les couleurs dont je viens de parler s'enlèvent facilement de la glace ; le moindre frottement les fait disparaître ; mais on peut les fixer au moyen d'un vernis blanc et transparent qui a l'avantage d'harmoniser les tons et de rendre le modelé plus doux.

Le vernis Soéhnée convient parfaitement pour cet usage, on doit, avant de l'étendre et après l'avoir étendu, chauffer légèrement la glace.

CHAPITRE II

DE LA PHOTOGRAPHIE SUR TOILE CIRÉE

Du collodion.

On fera le même collodion que pour le positif sur verre, en y ajoutant par cent grammes de collodion, vingt-cinq centigrammes de coton azotique, attendu que la pellicule déposée sur la glace doit avoir une résistance plus grande que pour les clichés ou les épreuves directes.

De la pose.

Le temps de pose doit être extrêmement juste ; en effet, s'il est trop court, l'acide dont on se sert pour transporter le collodion sur la toile ronge les détails, et l'image est dure et incomplète, si la pose est trop longue et qu'on ait été obligé d'arrêter trop brusquement au développement, le même acide donne à toute l'épreuve une nuance gris-jaunâtre très-désagréable.

Le développement se fait comme pour le positif sur verre, de même la fixation, au cyanure de potassium.

Transport sur la toile.

Après que la glace est fixée et lavée, on prépare la solution suivante :

Eau distillée,	100 grammes.	
Acide chlorhydrique,	10	—

On prend de cette solution dans une éprouvette et on verse sans temps d'arrêt sur l'épreuve, puis avec le pouce on enlève à l'un des angles un peu de collodion, et on reverse le liquide sur la partie ainsi mise à nu, en cherchant à le faire pénétrer sous la couche de collodion, ce qui arrive presque immédiatement, alors on suit la marche du liquide sous le collodion, par les renflements qu'il produit là où il passe ; on peut ainsi le diriger, de manière à le faire passer sous toutes les parties, en ce moment la couche qui adhérait à la glace en est complétement détachée, en la maintenant d'un côté, on la lave sous un mince filet d'eau, avec beaucoup de précaution, mais assez longtemps cependant pour que tout l'acide employé soit complétement chassé. On porte ensuite la glace à plat sur une table, puis on prend la toile cirée qu'on frotte sur un morceau de drap, et en tenant élevé l'un des bouts, on pose doucement l'autre à l'une des extrémités de la glace et on l'abaisse graduellement, en la faisant appuyer assez fortement pour éviter les bulles d'air. Cela fait, on retourne le tout sur la paume de la main et on frotte fortement la toile dans tous les sens pour y faire parfaitement adhérer le collodion; après cela on le fait glisser légèrement sur le verre, et aussitôt qu'une partie de la couche est sortie de dessus le verre, on s'empare de l'extrémité correspondante de la toile qu'on soulève alors complètement.

On suspend par un angle pour faire sécher et l'on place dessous, à 30 ou 40 centimètres environ, une lampe à esprit de vin dont la flamme, en séchant rapidement l'épreuve, donne aux blancs un éclat beaucoup plus grand que si on l'avait abandonnée à une évaporation spontanée; de plus, le séchage à chaud, en fendant légèrement la cire de la toile, y fixe l'image indestructiblement.

CHAPITRE III

DES NÉGATIFS

On peut, comme je l'ai dit, obtenir des négatifs vigoureux avec le collodion ci-dessus indiqué, en développant avec le même bain de fer que pour les positifs sur verre.

La pose pour les négatifs doit être environ d'un tiers plus longue que pour les positifs.

L'image se révèle lentement et il faut laisser le fer sur la glace, en le promenant d'une extrémité à l'autre, jusqu'à ce que son action devienne insensible.

Alors on lave les deux côtés, et on examine attentivement l'image par transparence.

Si tous les détails de l'image sont bien venus, si les parties transparentes ne se confondent pas avec les demi-teintes ou celles-ci avec les noirs, la pose a été juste.

Il ne reste plus qu'à s'assurer que les noirs sont assez intenses pour intercepter la lumière au tirage de l'épreuve sur papier. Je me hâte de dire que ce cas se présente le plus rarement et qu'en général on est obligé de renforcer l'image, ce qui se fait de la manière suivante :

On prépare la solution ci-dessous.

SOLUTION D.

Acide pyrogallique,	1	gramme.
Eau distillée,	300	—
Acide acétique cristallisable,	15	—

Lorsque la glace est bien lavée après le développement, on prend un peu du bain D, (20 gr. par exemple) dans une éprouvette en verre et on y ajoute six ou sept gouttes de la solution E.

SOLUTION E.

Nitrate d'argent fondu gris,	2	grammes.
Eau distillée,	100	—
Acide acétique cristallisable,	5	—

On agite vivement le mélange dans l'éprouvette avec une baguette en verre et on l'étend sur la glace à la manière du fer en le promenant sur toute la surface, jusqu'à ce qu'il devienne rouge.

Si le négatif présente alors assez de vigueur, il n'y a plus qu'à laver et à fixer, sinon, on reprend une nouvelle quantité de la solution D, à laquelle on ajoute encore cinq ou six gouttes de la solution E, et on continue de la même manière jusqu'à ce qu'on ait obtenu la vigueur désirée, puis on lave à grande eau et on fixe avec un bain composé de :

Eau,	100 grammes.
Hyposulfite de soude à saturation.	

Remarque. Il peut arriver deux cas :

Ou la pose a été trop longue ;

Ou elle a été trop courte.

Il est néanmoins possible d'obtenir un beau cliché, pourvu que l'erreur en excès ou par défaut n'ait pas été par trop grande.

1°. Si la pose a été trop longue, les noirs ne tranchent pas assez sur les parties transparentes, alors on renforce à l'acide pyrogallique, formule D, et l'on a soin de verser le liquide sur les parties qui doivent avoir le plus d'opacité, on le fait courir rapidement sur les autres, on le rejette dans l'éprouvette et on recommence à le verser à la même place que la première fois.

Les parties où le liquide est jeté se renforcent beaucoup plus que celles qu'il couvre ultérieurement.

De cette façon on peut arriver à donner à telle ou telle partie du cliché l'énergie relative qu'on désire, si par exemple, un côté de l'image est moins éclairé que le reste, il est possible, par ce petit tour de main, de lui restituer sa valeur.

2°. Si la pose a été trop courte, certaines parties, les noirs par exemple, sont beaucoup trop énergiques par rapport aux parties transparentes. Dans ce cas, le renforcement à l'acide pyrogallique ne vaudrait rien; ce bain ne renforçant presque pas les détails venus trop légèrement, son action, en épaississant les noirs, ne ferait qu'augmenter la disproportion d'intensité.

Il faut donc employer une autre méthode: on fera le bain suivant.

SOLUTION K.

Proto-sulfate de fer,	30	grammes.
Eau distillée,	1,000	—
Acide acétique crist.,	100	—

Après le développement, on lavera la glace, et on étendra dessus une nappe légère du bain d'argent à deux pour cent, solution E, puis aussitôt un peu de bain de fer, solution K, que l'on promènera vivement dans tous les sens, afin de le mélanger avec le nitrate d'argent.

On laissera agir quinze ou vingt secondes, puis on lave et on recommence s'il est nécessaire.

Par cette méthode, les transparences sont renforcées tout aussi bien que les parties opaques.

On fixe à l'hyposulfite de soude comme il est dit plus haut.

On lave bien la glace après le fixage, on sèche et on vernit avec un vernis ainsi composé :

Benjoin pulvérisé,	10 grammes.
Alcool à 40 degrés,	100 —

Le benjoin ne se dissout pas complétement, mais après l'avoir laissé en contact avec l'alcool pendant deux ou trois jours, on le décante d'abord puis on le filtre au papier, après quoi il peut être employé.

Remarque. Ce vernis peut s'employer à froid, mais il est d'un usage plus constant à chaud.

On chauffe légèrement le cliché avant et après l'application du vernis.

Des taches sur les clichés et les positifs.

Je ne parlerai pas des taches provenant des coups de jour reçus, avant ou après la pose ; c'est au photographe à prendre toutes ses précautions pour que son laboratoire soit bien à l'abri de toute lumière et qu'il n'y ait, soit dans la chambre noire de l'objectif, soit dans les châssis, aucune fissure, ni espace vide entre le cylindre mobile et le cylindre fixe qui à eux deux constituent la monture de l'objectif.

Je ferai toutefois observer à ceux qui s'éclairent pour opérer avec une bougie ou une lampe, qu'ils ne doivent point la poser à côté de leur bain d'argent, la lumière d'une bougie étant parfaitement suffisante pour voiler complétement une glace fraîchement sensibilisée.

Il est certains voiles qu'on peut facilement enlever en frottant légèrement, ceux-là ressemblent à une buée épaisse et blanchâtre, ils proviennent la plupart du temps de la mauvaise qualité du coton dont est composé le collodion, quelquefois du trop grand emploi du bain d'argent devenu trop acide par l'usage.

1° Dans le cas où le collodion est mauvais, il faut en prendre un autre.

2° Si le bain d'argent est trop vieux, on en retire la moitié qu'on remplace par du bain neuf.

On met la portion qu'on retire dans un flacon où par une addition d'eau on la ramène au titre de deux pour cent, pour être employée au renforcement, (solution E.)

Lorsque le bain d'argent est neuf, il produit

également un voile d'un gris sale qui ne peut être enlevé qu'avec le collodion, on le rend bon en faisant dissoudre dedans deux ou trois centigrammes d'iodure d'ammonium.

Si la nappe de collodion qu'on étend sur la glace vient à toucher les doigts qui la soutiennent, il arrive souvent, surtout en été, que dans la région voisine du contact ils se forme des réductions ou taches grises et noires, la matière organique de la peau décomposant très-vite les sels d'argent. L'indication seule de ce genre de taches renferme le moyen de les éviter.

Il y a encore les taches produites par les châssis neufs ; on les évite en partie, soit en imbibant de nitrate d'argent les supports de la glace, avant de se servir du châssis ; soit en plaçant derrière la glace dans le châssis quelques feuilles de papier buvard. Ce papier absorbe une partie du liquide qui s'écoule, et s'oppose à une imbibition trop brusque du bois.

On évitera par la même précaution, ces taches blanches, rondes ou ovales qui sont parfois disséminées après la pose sur toute la surface de la glace et qui proviennent tout simplement du bord inférieur de la coulisse du châssis, laquelle a été relevée ou abaissée trop brusquement.

CHAPITRE IV

DES ÉPREUVES POSITIVES SUR PAPIER

Les papiers destinés à être salés ou albuminés doivent présenter par transparence une pâte bien homogène, d'une texture uniforme, exempte de points de fer et de nuances étrangères qui forment autant de taches sur les épreuves positives.

Le papier corsé convient pour les grandes épreuves, et le papier mince et brillant, pour les petites et les cartes de visite.

Albuminage du papier.

Prenez des œufs bien frais, séparez-en le jaune et le germe, et jetez les blancs dans une cuvette vernissée ou dans un vase en porcelaine.

Blanc d'œuf,	100 gr.
Eau distillée,	20 »
Chlorure de sodium pur,	2 »
Chlorhydrate d'ammoniaque,	0 » 50 cent.

Battez le tout en neige; laissez reposer douze heures; décantez et filtrez sur un linge fin dans un flacon de verre bien propre, la partie restée liquide au fond du vase.

Quand vous voudrez employer votre albumine, vous la verserez doucement dans une cuvette, vous crèverez les bulles d'air qui auraient pu se former, et, tenant la feuille de papier par les deux angles opposés, vous appliquez l'un d'eux à l'extrémité de la cuvette; puis, vous abaissez lentement la feuille en lui faisant exercer sur le bain une pression légère, de façon qu'il ne puisse y avoir interposition d'air.

Au bout de trois minutes vous la relevez doucement par l'un des côtés et la suspendez pour la faire sécher.

40 degrés de chaleur sont nécessaires dans la pièce où se fait cette opération pour que l'albumine soit retenue, coagulée par les fibres du papier.

Bain sensibilisateur.

Eau distillée.	100	grammes.
Nitrate d'argent fondu.	15	—

On doit avoir le soin de peser son bain d'argent au pèse-sels, chaque fois qu'on veut s'en servir, et mettre dans le filtre, où on le rejette après la sensibilisation des papiers, 5 ou 6 grammes de kaolin pulvérisé, lequel empêchera le bain de rougir, et, par suite, de salir le papier.

On étend les feuilles sur ce bain, de la même manière que sur le bain d'albumine, en évitant surtout que le liquide ne passe dessus la feuille, ce qui donnerait à l'envers du papier, des nuances assez noires pour être visibles de l'autre côté.

Trois minutes de séjour sur le bain d'argent suffisent, il faut avoir soin que toutes les feuilles y restent pendant le même temps, pour que les tons obtenus ensuite au virage soient les mêmes.

Après avoir retiré et suspendu chaque feuille pour la faire sécher, il faut aussi, avant d'en mettre une autre, agiter le bain dans la cuvette, parce que la surface, de laquelle vient d'être enlevée une certaine quantité de nitrate d'argent, est moins riche que les couches inférieures du liquide.

Lorsque toutes les feuilles paraissent bien sèches, on essuie, sur du papier buvard, l'angle par où s'est écoulé le liquide en excès et on les renferme dans une boîte à double fond dont le compartiment inférieur contient, dans un vase ouvert, du chlorure de calcium, destiné à dessécher complétement le papier.

Ce fond du compartiment supérieur doit être à

claire-voie, pour que l'action du chlorure de calcium soit efficace.

Première remarque. — J'insiste sur la recommandation de ne mettre au tirage aucun papier dont la dessiccation ne serait pas complète; les parties humides, si légèrement qu'elles le soient, ne prennent pas de ton ou prennent un ton sale et défectueux, on risque aussi de tacher les clichés.

Deuxième remarque. — Si on était forcé de tirer des épreuves d'un cliché trop gris et trop mou, on pourrait, cependant, arriver à en tirer de belles positives, avec une expositoin beaucoup plus longue, il est vrai ; il n'y a qu'à mettre extérieurement sur la glace du châssis-presse une ou deux feuilles de papier blanc.

Virage.

SOLUTION I.

Eau de pluie ou distillée,	1,500	grammes.
Acétate de soude fondu,	40	—
ou agent-vireur A. N. B.,	40	—

SOLUTION II.

Eau de pluie ou distillée,	500	grammes.
Chlorure d'or,	1	—

Les deux solutions étant faites, on verse par petites parties à la fois la deuxième solution dans la première, en agitant bien.

Le virage peut servir quelques heures après, mais il est meilleur le lendemain, en sorte qu'il vaut mieux le préparer la veille.

Avant d'y faire tremper les épreuves, il faut les débarrasser du nitrate d'argent en excès qu'elles contiennent. A cet effet, on les plonge au sortir du châssis dans une cuvette pleine d'eau ordinaire, où on les laisse pendant trois ou quatre minutes.

Alors on les immerge dans le bain de virage où on les tient constamment en mouvement en surveillant l'action du bain sur elles. Sitôt que quelques-unes ont atteint la nuance désirée, on les retire et on les met dans une cuvette d'eau, on retire de même les autres, à mesure qu'elles arrivent à la même teinte, et on les laisse dans l'eau un quart d'heure environ, puis on les plonge toutes ensemble dans un bain composé de :

Eau ordinaire,	100 grammes.
Hyposulfite de soude,	15 —

On les laisse dans ce bain de quinze à vingt minutes, après lequel temps on les retire pour les immerger dans une première eau de lavage où elles ne doivent séjourner que huit à dix minutes, parce que cette première eau contient beaucoup d'hyposulfite, on la remplace par de l'eau fraîche et on laisse baigner les épreuves cinq ou six heures en changeant l'eau deux ou trois fois.

On les retire et on les suspend pour les sécher, ou, si l'on veut, on les sèche entre des feuilles de papier buvard blanc.

Première remarque. — Le séjour des épreuves dans l'eau de lavage avant leur fixation à l'hyposulfite n'est pas insignifiant, plus ce lavage est prolongé, moins le ton qu'elles ont pris au virage descend dans le bain fixateur. Il ne varie même pas sensiblement, si l'hyposulfite est neuf, ainsi, lorsqu'on aura peu d'épreuves à fixer, il vaudra mieux employer peu de bains d'hyposulfite, afin de pouvoir l'employer neuf chaque fois.

Deuxième remarque. — On peut très-bien employer le vieil hyposulfite qui a servi à fixer les papiers pour fixer les négatifs, en y ajoutant quelques cristaux d'hyposulfite pour que l'opération marche plus vite.

Lorsque l'épreuve est sèche, on la colle sur

carte Bristol, on la satine et on lui donne le brillant avec l'encaustique suivant :

Cire vierge,	100	grammes.
Essence de lavande,	75	—
Essence de girofle,	20	—

Cet encaustique se fait dans un vase vernissé, sur un feu doux : lorsque la cire est fondue, on ajoute l'essence de lavande et de girofle en remuant le mélange.

Pour lustrer votre épreuve, vous prenez gros comme un pois d'encaustique, que vous étendez sur l'épreuve avec un tampon de laine douce en ayant la précaution de frotter doucement dans tous les sens.

CHAPITRE V

DES COLLODIONS SECS

Les traités de photographie les plus récents fourmillent de formules de collodion sec, et certaines de ces formules ont excité un engouement colossal. Quoi qu'il en soit, je n'exposerai ici qu'un seul procédé depuis longtemps connu, le collodion albuminé.

Lorsque je rappellerai que c'est par ce procédé que se sont faites les plus belles photographies microscopiques, photographies qui, grossies par le stanhope quarante ou cinquante fois, ne présentent pas le plus petit défaut et donnent des épreuves d'un modelé et d'une finesse incomparables, alors, tout le monde avec moi, conviendra qu'aucun autre procédé ne peut, sinon égaler, du moins surpasser celui-là.

Nettoyage de la glace.

Le nettoyage de la glace doit être l'objet d'une rigoureuse attention, il vaut mieux recommencer deux ou trois fois le polissage, que s'exposer à des accidents de toute nature. La plus petite quantité de substances étrangères, grasses ou autres, qui serait interposée entre le verre et la couche sensible soulèverait certainement celle-ci, et, dans le cas même où elle ne serait pas détachée complétement, elle serait marbrée de taches et de nuances impossibles à effacer.

Du collodion.

Éther à 62 degrés,	60 gr.	
Alcool à 40 degrés,	30 »	
Coton azotique,	0 »	80 centig.

On sensibilise avec 8 grammes seulement de la solution B, donnée au premier chapitre. Ce collodion est plus léger que ceux employés dans les autres procédés, parce qu'il est nécessaire que la couche qui reste sur la glace soit d'une texture extrêmement fine et uniforme.

Albumine.

La préparation de l'albumine pour les négatifs, exige beaucoup plus de soins que pour le papier, il ne faut employer que des œufs dont la fraîcheur soit incontestable, en général, pour s'en assurer il suffit de pouvoir constater leur transparence devant la flamme d'une bougie, de plus, il faut en séparer la plus petite partie de germe, ce qui est assez difficile, parce qu'il arrive souvent qu'une parcelle de celui-ci est entraînée par le blanc, cette parcelle suffit pour déterminer promptement la décomposition de l'albumine.

Lorsque les blancs qu'on veut employer sont tous dans le vase en porcelaine, on ajoute par 100 grammes de blancs d'œufs.

Iodure d'ammonium,	60 centig.
Bromure »	20 —

Puis on bat fortement à l'aide d'une fourchette en argent ou en bois bien propre, jusqu'à ce que la neige qui se forme supporte sans s'affaisser sensiblement le poids de la fourchette.

Cette opération dure de quinze à vingt minutes environ. Après le battage, on couvre le vase d'une feuille de papier blanc et on le dépose dans un endroit retiré, à l'abri des courants d'air et de toute espèce de poussière.

Douze heures après, on décante dans un flacon bien propre, les deux tiers seulement de l'albumine liquide au fond du vase, l'autre tiers peut être employé à l'albuminage des papiers; puis il faut encore filtrer dans un entonnoir en verre sur une éponge très-fine et soumise préalablement à un lavage minutieux.

Manipulation.

La glace étant bien polie, on la collodionne et on la sensibilise comme à l'ordinaire, on la plonge ensuite dans une première cuvette contenant de l'eau distillée, puis après un séjour de deux minutes dans cette eau, il faut la passer dans une autre contenant également de l'eau distillée.

On la laisse égoutter sur un séchoir pendant trois minutes, et on la pose sur un pied à caler, disposé horizontalement à l'aide d'un petit niveau et par le jeu des vis calantes.

Alors on étend dessus ce qu'il faut d'albumine pour en couvrir toute la surface et on laisse séjourner le liquide deux ou trois minutes, puis on rejette l'excédant dans un flacon à part pour être filtré et servir de nouveau.

La glace est posée ensuite sur le séchoir où elle reste dix à quinze minutes, après quoi on achève la dessiccation à une chaleur douce, celle d'un fourneau par exemple, en ayant soin de tenir la glace suffisamment éloignée et en l'agitant d'un mouvement uniforme pour que la chaleur se répartisse également.

Bain révélateur.

On peut, après la pose, conserver les glaces dans l'obscurité jusqu'à ce qu'on en ait plusieurs, une dizaine par exemple à développer, on fera le bain suivant :

SOLUTION M.

Eau distillée,	1000	grammes.
Acide gallique,	3	—
Acide pyrogallique,	2	—
Acide acétique,	15	—

Avant de développer les glaces, on les lave à grande eau et rapidement, puis on les pose sur une plate-forme horizontale, on verse dessus un peu de la solution M ; quand on a préparé de cette façon la dernière glace, on revient à la première, on jette le liquide qui la couvre et on le remplace par du liquide frais, additionné de quelques gouttes de bain d'argent à 2 pour 100, on fait de même pour la deuxième, pour la troisième, etc. Arrivé à la dernière, on recommence à changer successivement le liquide qui couvre chacune des glaces, jusqu'à ce que les images soient suffisamment venues.

C'est la méthode suivie pour développer à la fois un grand nombre de glaces. S'il ne s'agissait que d'un seul cliché, on peut aller beaucoup plus vite en employant le révélateur suivant :

SOLUTION N.

Acide pyrogallique,	2	grammes.
Eau distillée,	400	—
Acide acétique,	40	—

Dans ce cas, on développe le cliché à la main ; à chaque quantité de la solution N dont on se sert, on ajoute quelques gouttes du bain d'argent à 2 pour 100 et on remplace, par du bain neuf sitôt que celui dont on se sert rougit fortement. Après le développement, on fixe dans le bain ci-dessous :

Eau,	500	grammes.
Hyposulfite de soude,	100	—

On lave la glace et on sèche.

Remarque. — L'atelier où se prépare l'albumine et où se fait l'albuminage des glaces, doit être nettoyé quelques heures avant celui où l'on se propose d'opérer, et pour faire autant que possible descendre les molécules de poussière qui flottent toujours dans l'air, on asperge la chambre d'eau dans tous les sens.

Des positifs sur verre par transparence.

Pour obtenir des positifs par transparence, il faut placer à l'une des extrémités d'un tube noirci intérieurement le cliché dont on veut une épreuve; dans un cadre exactement de la même dimension, on place un objectif à l'autre extrémité du tube et l'on tire l'épreuve de la même manière que le positif sur verre, on développe et on fixe de même.

Si l'on a des glaces préparées au collodion albuminé, on peut tirer au châssis-presse comme pour le papier, dans ce cas, deux ou trois secondes de pose suffisent en général.

On développe à l'acide pyrogallique (formule N), et on fixe à l'hyposulfite de soude à saturation dans l'eau.

CHAPITRE VI

GÉNÉRALITÉS

Des résidus.

Les filtres à nitrate d'argent, les papiers nitratés reconnus mauvais et rejetés sans avoir passé par les lavages, forment la partie la plus riche des résidus avec le dépôt de sels d'argent qui proviennent des premiers lavages des papiers.

Les rognures d'épreuves fixées contiennent relativement une quantité infiniment moindre d'argent, on peut mettre tous les papiers et filtres appartenant à cette catégorie d'un côté, et de l'autre on précipite des eaux de virage et de celles qui ont servi à laver les clichés, l'argent qu'elles contiennent au moyen du sulfure de calcium.

Au bout de quelque temps, ces résidus sont desséchés, puis grillés dans un vase en fonte, et on les porte chez le fondeur qui échange contre l'argent de monnaie celui trouvé au fond du creuset.

Soins des instruments.

Il est bon, chaque matin, d'essuyer les verres des objectifs, mais, autant que possible, il ne faut jamais démonter les verres, parce qu'on s'expose à les replacer autrement qu'ils ne doivent être.

A la fin de chaque journée, il sera également prudent de fermer les coulisses tant des chambres noires que des objectifs.

Les cuvettes et les flacons doivent être tenus dans un état de propreté rigoureuse.

Tous les bains doivent être filtrés avant d'être employés.

Je ne saurais trop recommander ces soins minutieux qui concourent, avec la parfaite connaissance de la théorie et de la pratique, à l'obtention de clichés sans aucun défaut.

Des repiquages.

Quelquefois, dans un très-beau négatif, il arrive que le fond est pointillé ou présente de petites traînées plus transparentes que le reste. On masque ces points et ces traînées avec de l'encre de Chine médiocrement épaisse, et l'on a sur l'épreuve positive des taches blanches, faciles à fondre dans la nuance générale, en faisant un mélange de rouge, de bleu et d'encre de Chine, dans des proportions variables suivant les différentes teintes.

L'expérience en apprendra plus là-dessus qu'une longue explication.

De l'éclairage.

Sans une répartition ingénieuse de la lumière, il est impossible d'obtenir de beaux portraits, présentant à la fois les plus petits détails et le relief des parties saillantes.

Si la personne qu'on veut photographier est, par exemple, éclairée de tous les côtés à la fois, on aura bien, avec une pose convenable, toutes les parties distinctes; mais les creux se trouvant presque aussitôt éclairés que les parties proéminentes, ne produiront point avec celles-ci un relief convenable.

Il faut donc que la lumière tombe sur le modèle dans une direction principale, de façon que le côté correspondant, plus lumineux, ressorte sur les autres cotés, éclairés seulement d'une manière suffisante, par la lumière diffuse, pour que toutes les parties en soient bien détaillées.

Lorsque l'on voudra disposer l'éclairage d'un atelier, on placera le fond ou le lieu de la pose à l'est, puis de chaque côté au nord et au sud on élèvera deux vitrines surmontées d'une troisième qui transmettra la lumière d'en haut.

De plus, on garnira les trois vitrines de rideaux

qui, fixés tous du côté de la pose, pourront glisser au moyen de tringles jusqu'à l'extrémité opposée.

Toutes choses étant ainsi préparées, il faut placer le modèle assez loin du fond, (1 mètre à 1 mètre 50 centimètres au moins), sans quoi il ne s'en détacherait pas assez sur l'épreuve. Puis le rideau du haut étant tiré, de façon que le jour d'en haut ne tombe pas d'aplomb sur la tête, on tire pareillement celui du côté nord, plus ou moins, suivant l'effet qu'on veut obtenir, et le troisième enfin devra dépasser celui-ci d'au moins 1 mètre 50 centimètres, si la direction principale de lumière qu'on a adoptée est le côté nord.

C'est le contraire, si on choisit la lumière du midi, mais cela ne doit arriver qu'autant qu'il n'y aura pas de soleil, les épreuves obtenues à la lumière directe du soleil étant toujours beaucoup trop heurtées.

En général, moins les rideaux latéraux seront distants l'un de l'autre, tout en étant éloignés du modèle, plus l'éclairage sera doux, si en même temps le rideau du haut est assez tiré en avant.

Dans le cas contraire, l'éclairage sera dur et énergique.

Il n'y a donc pas de règle à établir.

Suivant qu'on aura affaire à des têtes gracieuses ou à des têtes fortement accentuées, on cherchera, par le jeu des rideaux, à les placer dans une lumière qui convienne à leur caractère, et ce sera du reste le seul moyen de faire des portraits qui soient ressemblants et vrais.

La ressemblance, ce n'est pas seulement l'agencement des lignes d'une physionomie et leur relation comme dimensions linéaires, c'est encore et avant tout, leur attitude habituelle, ce quelque chose de l'esprit ou de l'âme qui se reflète sur les traits, qui jaillit dans le regard à de certains moments. L'œuvre du photographe, et dans ce cas il est vraiment artiste, consisterait à attirer chacun de ses personnages sur ce terrain intime où il se montre tel qu'il est, à réveiller dans l'âme la corde qui fait vibrer tout l'être, et prise en ce moment et en ce moment seul, l'image serait un portrait, un portrait vrai et complet.

Des fonds.

Le fond que l'on doit adopter de préférence, et pour la généralité des portraits, est le fond gris foncé ou bleu foncé, le blanc des chairs ressortant mieux sur un fond teinté que sur un fond complétement blanc.

Pourtant le fond blanc est préférable pour les épreuves graduées.

Il sera bon du reste d'en avoir de nuances différentes : plus clairs pour les vêtements qui présenteront des tons photogéniquement foncés, tels que le noir, le vert et le jaune ; plus foncés pour les vêtements dont la couleur s'approche davantage du blanc, comme le bleu, le rose, etc.

S'il arrive qu'on ait à faire les portraits de personnes complétement vêtues de blanc, on s'arrangera, au moyen des rideaux, de façon à n'éclairer que la tête, c'est-à-dire, qu'on ne prendra sa lumière que du haut, sous un angle convenable.

Le blanc du linge étant très-éclatant comparativement au blanc des chairs, sera toujours suffisamment éclairé par la lumière diffuse. Ainsi pourrait-on faire les photographies de communiante et de mariée.

Le tapis sur lequel on fait poser devra être à fond clair, avec fleurs ou dessins de couleur rouge, verte ou jaune, mais pas trop foncée.

Quant aux fonds de paysage, il faut qu'ils soient faits avec un goût exquis pour ne pas être ridicules.

On peut poser comme règle qu'ils doivent tous présenter ces formes vagues, indécises, qui conviennent aux plans reculés, de manière qu'on ne puisse les confondre avec le plan principal où se trouve la personne qui pose, le plus souvent entourée d'accessoires de salon.

Il m'est arrivé de voir dans une photographie la tête du personnage à la hauteur de la cheminée d'une maison dominant une colline boisée et au bas de laquelle coulait une rivière avec pont, prairie, moutons et berger; le tout aussi arrêté, aussi nettement venu que le personnage, assis d'ailleurs dans un confortable fauteuil, près d'un guéridon où se trouvaient épars des volumes qu'il venait sans doute de parcourir.

On comprend toute l'absurdité de semblables rapprochements et on n'adoptera les fonds de paysage qu'avec une extrême réserve.

Fonds artificiels.

Quelquefois l'image étant du reste bien venue, le fond est défectueux sur le cliché, et il n'est pas toujours possible de recommencer. Dans ce cas, si l'on veut avoir un fond convenable, on tire une épreuve au châssis et avant qu'elle n'ait atteint toute sa valeur, on la retire et onsépare, au moyen d'une pointe d'acier le personnage ou les personnages du fond, on colle ce fond sur la partie correspondante du cliché et on tire là-dessus des épreuves dont le fond est complétement blanc.

Pour avoir un fond teinté, on place la silhouette mise à part successivement sur chaque épreuve en ayant bien soin que les deux personnages soient exactement superposés, et on retourne le tout sur la glace du châssis-presse qu'on ferme immédiatement.

On expose de nouveau et l'on peut alors obtenir un fonds d'une régularité parfaite, clair ou foncé, à volonté et suivant qu'on prolonge plus ou moins l'exposition.

Par ce même moyen, on aura des fonds où la lumière se dégrade du haut en bas ; si l'on promène d'un mouvement continuel un carton sur le châssis-presse, pendant la seconde exposition, dans ce mouvement, le haut du fond restera constamment caché sous le carton et le bas toujours à découvert.

Le carton continuellement en marche dans la partie intermédiaire déterminera les teintes de transition entre les deux parties extrêmes.

Du stéréoscope.

Le relief des épreuves stéréoscopiques provient de ce que chacune des deux images de l'objet est obtenue d'un point de vue différent ; et ce relief est d'autant plus rapproché du relief naturel que les deux directions de visée font ensemble un angle plus grand, mais inférieur pourtant à quinze degrés : cet angle de quinze degrés correspond au maximum de relief.

On conçoit d'après cela que plus l'opérateur est éloigné de l'objet ou de la personne à reproduire plus il faut que les deux objectifs qui doivent fonc tionner soient distants l'un de l'autre.

A l'origine de la stéréoscopie, on se servait d'un seul objectif qu'on déplaçait dans un plan horizontal, de telle façon que les deux directions fissent entr'elles un angle de quinze degrés et cette méthode est encore presque indispensable pour obtenir des clichés d'objets très-éloignés et avoir beaucoup de relief.

Pour les portraits, les groupes etc., on obtient un relief suffisant avec les objectifs jumeaux qu'on accouple maintenant sur la même chambre noire. Seulement il faut avoir soin de choisir des objectifs qui soient bien du même foyer et qui aient une rapidité presque identique.

On fait venir au châssis-presse les deux épreuves à la fois; mais avant de les coller, on les sépare et on place celle de droite à gauche et réciproquement.

Si on les collait dans l'ordre suivant lequel elles ont été tirées, on n'aurait pas de reliefs.

Des photographies microscopiques.

Ces photographies ne sont autres que des positifs par transparence dont nous avons déjà parlé, mais obtenus avec un instrument d'un très-petit diamètre.

Cet instrument est supporté par la partie antérieure d'une chambre noire métallique ; à la partie postérieure se trouve un cadre recevant un micromètre sur lequel on met le cliché au point à l'aide d'un microscope qui fait partie de l'appareil.

Ce micromètre est une plaque de verre traversée par des lignes très fines, presque invisibles à l'œil nu, et tracées au diamant.

On commence par mettre ces lignes au foyer du microscope; puis à l'aide de la crémaillère de la chambre, on avance et on recule la partie mobile, jusqu'à ce que le cliché apparaisse le plus net possible sur le micromètre.

Il y a une autre méthode de mise au point qui au premier abord paraît plus compliquée, mais qui est peut-être plus commode dans la pratique.

On place dans la chambre noire, au lieu de micromètre, une glace dépolie ordinaire, on met la surface dépolie exactement au foyer du microscope.

Cela fait, et en ayant bien soin de ne pas déranger celui-ci, on remplace la glace dépolie par une glace préparée au collodion albuminé, dont la texture beaucoup plus fine que le grenu de la surface dépolie laisse parfaitement voir l'image et discerner le moment juste où elle est au foyer.

Dans la première, comme dans la seconde méthode, l'opération de la mise au point se compose de deux autres, auxquelles il faut apporter par conséquent une attention rigoûreuse, pour que le résultat final soit juste.

La pose varie comme pour les épreuves de toute autre nature, suivant l'intensité de la lumière, on peut lui assigner pour limite inférieure et supérieure vingt secondes et trois minutes.

On développe comme pour les positifs par transparence sur collodion albuminé; mais comme l'image est trop petite pour qu'on puisse suivre à l'œil nu la venue progressive, de temps en temps on l'observe à l'aide d'une très-forte loupe ou bien au foyer d'un microscope.

Après le développement, on lave et on fixe à l'hyposulfite de soude (15 pour 100.), puis on laisse sécher; on peut si l'on veut, chauffer légèrement à la lampe pour chasser toute humidité.

Ensuite à l'aide d'un diamant on coupe la glace en autant de morceaux irréguliers qu'on a obtenu d'épreuves et on applique ces épreuves au foyer du petit microscope appelé stanhope, à l'aide de la térébenthine cuite, après quoi on use à la meule les parties de glace qui dépassent le stanhope de tous les côtés.

Remarque : on peut donner aux épreuves microscopiques des nuances très-variées, en les virant après le fixage, soit au chlorure d'or brun, soit avec tout autre virage employé pour les positives sur papier.

Préparation de l'iodure d'argent.

On prépare l'iodure d'argent de la manière suivante : on fait dissoudre dans :

SOLUTION I.

Eau distillée,	30 grammes.
Nitrate d'argent,	3 —

D'autre part dans :

SOLUTION II.

Eau distillée,	30 grammes.
Iodure de potassium,	4 —

On verse une partie de la seconde solution dans la première, il se forme un précipité blanc qui est de l'iodure d'argent, on attend qu'il se réunisse au fond du vase, puis on recommence à verser de la solution d'iodure de potassium dans celle de nitrate d'argent; si le précipité ne se forme plus qu'en petite quantité, on le jette sur un filtre, et quand la première eau s'est écoulée, on remplit à plusieurs reprises le filtre d'eau ordinaire, puis ensuite d'eau distillée, et enfin on y jette de l'alcool, après quoi on le sèche sur un papier buvard, et sitôt qu'il est sec on le met dans le flacon C qui contient la dissolution d'iodure de potassium dans l'alcool.

Toute cette opération doit se faire dans l'obscurité, et le flacon qui contient la solution C, doit rester constamment à l'abri de la lumière.

L'emploi de l'eau distillée ou tout au moins de l'eau de pluie est indispensable pour le bain de fer, tandis qu'on peut faire le bain d'argent avec n'importe quelle eau, à la condition de le filtrer avant de s'en servir ; en effet, le nitrate d'argent précipite les sels étrangers qui, transformés en sels insolubles restent sur le filtre, mais par la même raison, lorsqu'on verse sur la glace du bain de fer, si celui-ci était composé avec de l'eau impure, l'argent de la glace en précipiterait les sels qui se déposeraient en traînées irrégulières sur l'image et en altéreraient la pureté.

Dernières remarques.

Il est important que les cuvettes servant aux bains d'argent, aux bains de virage ne soient pas employées à d'autres usages, il en résulterait de graves accidents souvent très-longs à réparer.

Enfin, dans un laboratoire photographique bien tenu, le plus petit flacon a sa destination spéciale, dont il n'est jamais distrait et une étiquette collée dessus doit indiquer cette destination ; par ce soin vous prévenez toute erreur possible.

FIN.

TABLE DES MATIÈRES

FIN DE LA TABLE.

164. — Lagny. Imprimerie de A. Varigault.

www.ingramcontent.com/pod-product-compliance
Lightning Source LLC
LaVergne TN
LVHW011959160826
845678LV00002B/615

* 9 7 8 2 3 2 9 6 7 5 4 3 5 *